SCM
Stiftung Christliche Medien

Der SCM Verlag ist eine Gesellschaft der
Stiftung Christliche Medien, einer gemeinnützigen Stiftung,
die sich für die Förderung und Verbreitung christlicher Bücher,
Zeitschriften, Filme und Musik einsetzt.

© 2017 SCM-Verlag GmbH & Co. KG, 58452 Witten
Internet: www.scm-verlag.de; E-Mail: info@scm-verlag.de

Innengestaltung:

Tom und Anna auf dem Bauernhof
Satz: Johannes Käser, Witten;
Illustrationen: Elke Broska, Flörsheim

Tilos Abenteuer am Fluss
Satz: Typoscript, Walddorfhäslach;
Illustrationen: Krikel - Illustration & grafikdesign,
Kristina Nowothnig, www.krikel.de

Leon, Luka und die Wilde Hillde
Satz und Illustration: Guido Apel, Bamberg, www.guidoapel.de

Umschlaggestaltung: Christoph Möller, Hattingen
Titelbild: Elke Broska, Flörsheim
Druck und Bindung: Finidr s.r.o.
Gedruckt in Tschechien
ISBN 978-3-417-28776-9
Bestell-Nr. 228.776

Inhalt

Elisabeth Vollmer

Tom und Anna
auf dem Bauernhof

Der kleine Hase Mümmel
ist einmal auf jedem Bild.
Findest du ihn?

Lottes Kälbchen

Tom wacht auf.
Er reibt sich die Augen.
Wo ist er?
Da fällt es ihm ein:
Sie sind im Urlaub.

Gestern sind sie angekommen.
Lautes Klappern hat ihn
geweckt.
Bauer Jansen füttert wohl
schon die Tiere.
Mist! Tom wollte doch helfen!
Schnell ist er angezogen.
Alle anderen schlafen noch.
Er schleicht hinaus.

Bauer Jansen steht in einer
Box. Er hat Tom bemerkt.
„Lotte bekommt ihr Kälbchen",
erklärt er.
Lotte legt sich ins Stroh.

Was ist denn das?
Ein Luftballon unter Lottes
Schwanz?
Nein, es ist die Fruchtblase.
Als sie platzt,
sieht Tom zwei Füße.
Bauer Jansen zieht daran.
So hilft er Lotte bei der Geburt.

Schon liegt das Kälbchen
im Stroh.
Sein Fell ist nass
und verschmiert.
Tom darf es mit Stroh abreiben.

Er spürt, wie das Herz
des Kälbchens klopft.
Bauer Jansen schaut,
ob es gut atmet.
Alles ist in Ordnung.

Lotte muht und leckt dem Kalb
das Fell. Schon steht es auf
und sucht das Euter.

Tom sitzt daneben.
Bauer Jansen legt den
Arm um ihn.
„Hat Gott das nicht toll
gemacht?", fragt er.
Tom nickt. Es ist so schön!

Bauer Jansen
bringt Lotte
frisches Wasser.

Dann wechselt
er das Stroh.
Tom hilft.

„Nun brauchen Lotte und Tom
Ruhe", sagt Bauer Jansen.
Er hat das Kälbchen
Tom genannt!

Schweinsgalopp

Tom und Anna sehen
den Schweinen zu.
Die Ferkel rennen
über die Wiese.
Sie quieken und
sehen lustig aus.

In der Matsche wälzt sich
der große Eber.
Die Säue liegen faul
in der Sonne.

Ein fremder Junge kommt dazu.
Er hat einen Stock.
Damit piekst er ein
Schwein in den Bauch.
Es grunzt ärgerlich und
steht auf.

„Lass die Schweine in Ruhe",
sagt Anna.
Aber der Junge hört nicht auf.

Jetzt klettert er über den Zaun.
Er setzt sich auf den
Schweinerücken.
An den Ohren hält er sich fest.
Mit dem Stock piekst
er in den Bauch.
Wie der Blitz saust das
Schwein los.

Es galoppiert über die Wiese.
Der Junge schreit um Hilfe.

Plötzlich bremst das Schwein.
In hohem Bogen fliegt
der Junge in den Matsch.
Anna und Tom lachen.
Selber schuld.

Der Junge jammert:
„Ich glaube, mein Bein
ist gebrochen."
Anna und Tom schauen
sich an. Also gut, sie helfen
ihm aus der Suhle.
„Bitte verratet mich nicht.
Ich tu es auch nie wieder",
sagt der Junge.

Tom und Anna bringen
den Jungen ins Haus.
Sie verraten ihn nicht.
Jeder macht mal was Blödes.
Das Bad in der Matschsuhle
war Strafe genug.

Der Junge heißt Leon.
Er ist auch ein Feriengast.
Vielleicht können sie sogar
noch Freunde werden.

Freunde

Anna spielt mit dem
Hofhund Rex.
Plötzlich läuft er weg.
„Rex!", ruft sie.
Aber Rex kümmert das nicht.

Er läuft zu einem
fremden Mädchen.
Sie streichelt ihn.
Er wedelt mit dem Schwanz.
Anna ärgert sich.
Sie hat zuerst mit Rex gespielt.

Blödes Mädchen, denkt Anna.
Ein rosa Kleid hat
die auch noch an.
Das würde Anna nie anziehen.

Anna schaut finster zu dem
Mädchen hinüber.
„Ich bin Lea",
sagt das Mädchen.
Vielleicht ist sie doch
nicht so blöd?

Anna findet Lea bald
sogar richtig nett.
Sie spielen jetzt
zusammen mit Rex.
Lea wirft den Stock.

Oh nein, er ist im Bach gelandet.
Rex springt hinterher.
Mit dem Stock im Maul
kommt er zu Anna.
Er schüttelt sich.
Igitt! Rex ist trocken,
Anna ist nass.

Am Nachmittag macht Annas
Familie eine Radtour.
Bald bläst der Wind Anna
ins Gesicht.
Dunkle Wolken sind am
Himmel.
Anna spürt die ersten
Regentropfen.
Mama packt die neuen
Regenmäntel aus.
Die riechen komisch.
Sie fahren zurück.

Aber was ist das?
Rex knurrt sie an.
Sie bleiben stehen.
Was hat er nur?

Da öffnet Bauer
Jansen die Haustür.
Er pfeift und nimmt Rex
am Halsband.
Jetzt können sie vorbei.
Drinnen ziehen sie die
Regenmäntel aus.
Rex wedelt mit dem Schwanz.

Bauer Jansen riecht an
den Regenmänteln.
Sie riechen nach Gummi
und sehen komisch aus.
Deshalb hat Rex sie
nicht erkannt.
Wie bei mir und Lea, denkt Anna.
Sie sah komisch aus.
Ich wurde knurrig.
Aber jetzt sind wir Freunde!

Wo ist Nina?

Anna und Lea spielen mit Tom
und Leon Verstecken.
Lea und Anna sitzen in der
leeren Regentonne.
Leon liegt unter dem Traktor.
Da kommt Leons
Schwester Nina.
Sie ist erst drei.
Tom mag sie nicht.
Sie schreit so viel.
Oh nein, sie will mitspielen!

Tom schickt sie zu
den Schweinen.
Das ist ganz weit weg.
Sie soll dort nach den
anderen suchen.

Es wird schon Abend.
Die Kinder spielen immer
noch Verstecken.
Leons Mutter kommt.
Sie fragt nach Nina.
Tom erschrickt:
Nina ist nicht zurückgekommen!
Er wird rot.
„Ich habe sie zu den Schweinen
geschickt", sagt er.

Leons Mutter kommt von den
Schweinen zurück.
Sie hat Nina nicht gefunden.
Hinter der Schweinewiese ist
die große Straße!

Leons Papa nimmt das
Auto und fährt los.
Ist Nina auf die Straße gelaufen?
Dieses Versteckspiel
ist nicht lustig.

Alle suchen.
Aber in keinem Versteck ist Nina.
Sie rufen ihren Namen.
Keiner antwortet.
Tom fühlt sich schrecklich.
Er hat Nina weggeschickt.
„Bitte, lieber Gott,
lass uns Nina finden!"

Endlich ruft Lea: „Ich hab sie."
Alle rennen in den Stall.
Da ist Nina.
Sie liegt auf dem
Bauch von Kuh Lotte.
Sie schläft!
Lotte kaut zufrieden ihr Gras.
Leons Mutter hebt Nina
vorsichtig hoch.

Tom ist sehr froh.
Danke, lieber Gott!

Nicola Vollkommer

Tilos Abenteuer
am Fluss

PLATSCH!
Wasser spritzt in alle Richtungen.
Das kleine Nilpferd Tilo springt in
den Fluss!
Die Bäume sind pitschnass.
Die großen, grauen Steine
am Ufer sind patschnass.

Wasser platscht auf das Gras.
Wasser plitscht auf die Büsche.
„Bravo! Das war ein Sprung!"

Tilos Schwester Bimba lacht.
Sie mag es,
wenn Tilo Popoplatscher macht.

Quassel und Prassel
schauen Tilo zu.
Sie lachen auch.

Die anderen Tiere
lachen nicht.
Die Gazelle Gigi rennt wie
ein Blitz in den Dschungel.

Der Fisch Flimmi versteckt sich.
Er hat Angst.

Der Affe Egon
schnattert verärgert.
Er klettert ratzfatz
auf den Bananenbaum.

Er versteckt sich
hinter einem
riesigen Blatt.

Das Krokodil Spitzzahn sonnt
sich in der Mittagshitze.
Auf einmal wacht er auf.
Eine kalte Dusche landet
auf seinem Kopf.

„Mist!", schimpft er.
Tilo ist wieder gesprungen.

Spitzzahn schüttelt das Wasser
aus seinen Ohren.
Er reißt sein Maul auf und gähnt.

Dann schnappt sein großes
Maul wieder zu.
„Du nervst!", sagt er zu Tilo.

Aber Tilo will weiter planschen.
„Alter Spielverderber!", ruft er.

„Fang mich doch, fang mich doch!"
Tilo schwimmt so schnell er kann.
Bimba verfolgt ihn.
Quassel und Prassel sitzen
auf Bimbas großer Schnauze.

Sie spritzen mit Wasser
und schreien laut:
„Dusche, Dusche! Wer will eine
Dusche?"

„Kommt doch mit!
Wir machen eine Wasserparty!",
rufen die Froschzwillinge.
Die anderen Tiere kommen
nicht mit.
Sie schauen finster zu.

Spitzzahn will nur schlafen.
Egon hat Hunger auf Bananen.
Gigi muss dringend etwas
trinken.
Flimmi will tauchen.

Alle wollen nur ihre Ruhe.
Aber Tilo hört nicht auf sie.
Er will springen.
Die Tiere mögen Tilo nicht
mehr.

Tilo ist es langweilig.
Niemand will mit ihm spielen.
Was kann er nur machen?
Tilo klettert ans Ufer.

Tilo geht in den Dschungel.
Unter den Bäumen ist es
dunkel.
Die Bäume sind so hoch,
dass Tilo den Himmel nicht
mehr sieht.
Aber er hat keine Angst.

Tilo sieht bunte Blumen an
einem Baum.
Kolibris trinken daraus.

Tilo sieht einen
bunten Papagei.
Der krächzt laut.

Plötzlich rascheln die Blätter.
Ein Elefant schaut Tilo an.
Ist der groß!
Tilo sagt: „Hallo du!"
Der Elefant nickt und
verschwindet.

Auf einem hohen Baum
sieht Tilo eine Schlange.
Sie schläft.
Tilo hat eine Idee.

Er schleicht sich
heran und macht
einen Knoten in
ihren Schwanz.
Tilo ruft laut:

„BUUH!"

Die Schlange wacht auf und
erschrickt!
Woher kommt der Knoten?
Tilo lacht.

Die Schlange wird wütend.
Sie zischt Tilo an.
Er läuft schnell zurück zum
Fluss.
Glück gehabt!

Tilo freut sich schon
auf seinen Fluss.
Er springt an der tiefsten Stelle
ins Wasser.
Alle werden nass.

Tilo schreit laut.
Mit Bauchlandung springt er.
Mit Rückenlandung hüpft er.

Er dreht sich in der Luft.
Er landet auf dem Kopf.
Er landet auf dem Po.

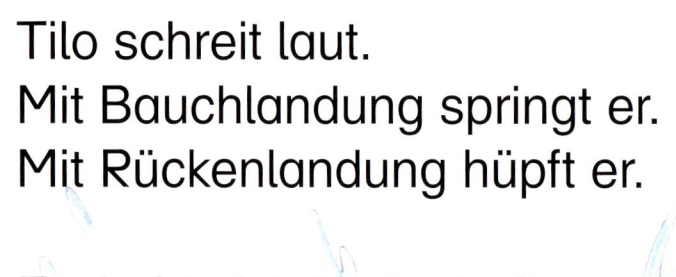

PLATSCH!

Die Zwillinge
klatschen in die Hände.
Schwester Bimba ruft:
„Nochmal!"
Die anderen Tiere rufen:
„Hör doch endlich auf!"

Spitzzahn hat eine Idee.
„Wir spielen schlafende
Nilpferde", sagt er.
Krokodile erfinden gerne
neue Spiele.

„Wer am längsten ein
schlafendes Nilpferd spielen
kann gewinnt."
Quassel und Prassel plappern
vor Aufregung.
Sie finden die Idee klasse.
Prassel fängt an, laut zu
schnarchen.

Der Dschungel ist endlich ruhig.
Alle schlafen.
Aber wo ist Tilo?
Kannst du ihn sehen?

Spitzzahn das Krokodil gähnt.
Seine Augen fallen zu.
Er schläft ein.

Da!
Der graue Stein am Ufer,
das ist Tilo.
Er bewegt sich langsam.
Tilo ist hellwach.
Aber er will gewinnen!
Dann will er wieder einen
Popoplatscher machen.

Plötzlich raschelt es im Schilf.
Ein riesiger Löwe
schleicht sich leise ans Ufer.

Gigi Gazelle träumt immer noch.
Sie kaut an ihrem Grashalm.
Sie sieht nicht,
dass der Löwe im Gebüsch
lauert,
bereit zum Sprung.

Der Löwe leckt seine Lippen.
Er hat Hunger.
Gleich springt er!

Tilo starrt verzweifelt auf den
Löwen.
Er mag Gigi sehr.
Was soll er nur tun?
Er könnte Spitzzahn rufen, der
hat spitze Zähne.
Aber das dauert zu lange.
Soll er mit dem Löwen
kämpfen?

Plötzlich hat Tilo eine Idee.

„JUCHUUU! Schaut mal alle her!"
Ein hoher Bogen,
zwei Luftsaltos,
dann landet er voll auf dem
Bauch.

PLATSCH!!

Ein Erdbeben
erschüttert den Dschungel.
Der größte Popoplatscher
aller Zeiten
schlägt in den Fluss ein.
Alle Tiere fliehen
so schnell sie können.

Ein patschnasser
Löwe schleicht zurück
in den Dschungel.
Sein Magen knurrt
immer noch.

Gigi zittert
vor Erleichterung
und vor Kälte.
Tilo klettert ans Ufer.
„Danke! Du hast mich gerettet!",
sagt sie zu Tilo.

Spitzzahn schwimmt zu Tilo.
„Du blödes Nilpferd!", sagt er.
„Wenn du noch mal …"
Er hält mitten im Satz an.

Egon, der Affe,
hüpft auf seine Schnauze.
Er ruft dem Krokodil ins Ohr:
„Tilo ist ein Held!
Er hat den Löwen verscheucht!"
Alle sind auf Tilo stolz.

Alle Tiere jubeln.
Sie feiern ein lustiges Wasserfest.
Sie feiern Tilos Sieg über
den Löwen!

„Wir machen ein neues Spiel!",
ruft Spitzzahn.
„Jedes Tier macht einen
Popoplatscher!"

Tilo zeigt, wie man
Popoplatscher macht.
Jedes Tier springt in den Fluss.

Aber niemand kann es so gut
wie Tilo.

Sonja M. Kientsch

Leon, Luka und
die Wilde Hilde

Leon ist wütend

Leon tritt gegen Hannas
Rutschauto.
Er haut mit der Faust auf den
Klingelknopf.

„Tigerprobleme?", fragt Papa,
als er die Haustür öffnet.
„Hm", brummt Leon und stampft
durch die Diele.
Er wirft seinen Ranzen in die Ecke.
Genau gegen Mamas großen
Gummibaum.
Es scheppert ganz schön.

Leon sagt schnell: „Der Luka
ist hundsmiserabel gemein."
Papa soll nicht denken, dass
Leon nur zum Spaß wütend ist.

Papa schlendert an Leon vorbei
in die Küche.
Es riecht nach Pfannkuchen
und gebratenen Äpfeln.
„Hmhm, der Luka also", sagt
Papa.
Leon hört ihn schmatzen.

Bestimmt probiert er, ob die
Bratäpfel schon weich sind.
Da ist es wohl besser, wenn
Leon hilft.
Soll Luka doch so gemein sein,
wie er will. Das Bratapfelessen
lässt sich Leon nicht verderben.

Luka ist hundsgemein

Beim Mittagessen fragt Papa:
„Jetzt erzähl mal!
Warum kriegt Mamas
Gummibaum deinen Ranzen
gegen das Schienbein?"

„Mama ist keine Grünzeugtussi",
antwortet Leon.
„Nein", schmatzt Papa.
„Sie bindet Blumensträuße.
Das nennt man Floristin."
Leon nickt.

Grünzeugtussi klingt gemein.
Kein Wunder. Das hat nämlich
Luka gesagt.
Und der ist immer gemein.

Mama sagt, das kommt,
weil seine Eltern sich nicht
genug kümmern.
Aber da kann schließlich Leon
nichts dafür.
Und Mama auch nicht.

Einfach verzeihen?

Nach dem Essen sehen Papa
und Leon nach den Hühnern.
In Gummistiefeln stapfen
sie durch die Wiese bis zum
Hühnerstall.
„Hol du die Eier", ruft Papa.

In einer dunklen Ecke haben
Leon und Papa Legenester
gebaut.
Aus Obstkisten.
Darin können die Hühner in
Ruhe ihre Eier legen.

Leon sammelt die Eier ein.
Manche sind noch ganz warm.
Er setzt sie in den Eierkarton.
Durch eine Luke klettert er
in den Hühnerauslauf.

„Acht", ruft Leon und hebt den Karton in die Luft.
„Das gibt Rührei heute Abend", freut sich Papa und kippt Körner in die Futterrinne.

Plötzlich kommt Wilde Hilde
angeflattert.
Wie eine Rakete rennt sie
durch den Auslauf.
„Nein", schreit Leon.
Zu spät.
Wilde Hilde hat Leon ins Bein
gezwickt.

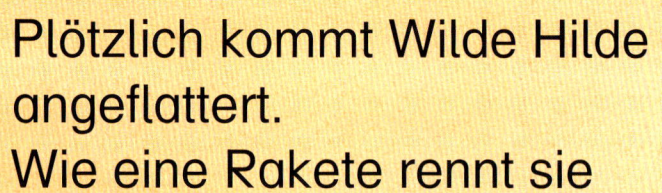

„Du verrücktes Huhn!",
schimpft er.
Wilde Hilde gackert empört.
Da muss Leon schmunzeln.
Eigentlich mag er
Wilde Hilde gern.
So wie sie ist kein anderes Huhn.

„Was Luka gesagt hat, war gemein", sagt Papa plötzlich. „Aber er tut mir leid. Er ist oft allein, weißt du. Wie wäre es, wenn wir ihm verzeihen und ihm ein Geschenk kaufen?"

„Warum das denn?", fragt Leon verdutzt.

„Ich glaube, Luka braucht mal eine Freude", antwortet Papa.

Ich glaube, Luka braucht mal eine Abreibung, denkt Leon.

Er will Luka nichts schenken.

Im Einkaufszentrum

Im Einkaufszentrum reiht sich
ein Geschäft an das andere.
Der Laden mit den Süßigkeiten
ist der allerbeste.
Leon schaut sich um.
Er sieht nur ganz leckere
Süßigkeiten.
Also eigentlich überhaupt
rein gar nichts für Luka.

Aber dann sieht Leon doch ein
Geschenk, das passen könnte.
„Das da wäre gut", sagt er
und zeigt auf einen
Schokoladenapfel.
Papa runzelt die Stirn.
„Der sieht alt aus", sagt er.
„Na und", schreit Leon und
rennt weg.

Der Dachgarten
ist Leons Lieblingsplatz
im Einkaufszentrum.
Kein Wunder, dass Papa
ihn gleich findet.
Er hält Leon ein Eis unter die
Nase und setzt sich neben ihn.

Von hier oben sieht man alle
Geschäfte.
Sie lecken Eis und beobachten
die Menschen.
Gott sieht auch alles, denkt
Leon.
Sogar Luka.
Wie er ihn wohl findet?

„Mag Gott den Luka?", fragt Leon.
„Obwohl er böse ist?"
„Magst du Wilde Hilde?", fragt
Papa.
„Klar", sagt Leon.
„Aber sie hat dich doch gezwickt."

„Das Zwicken war doof."
„Aha. Aber du magst sie
trotzdem."
Leon nickt.
So ist das also: Gott mag Luka,
obwohl er Gemeinsein nicht gut
findet.

Papa knufft Leon in die Seite.
„Komm schon.
Nettsein ist nicht verkehrt.
Es kann sogar anstecken.
Vielleicht auch den Luka!"

Leon denkt nach.
Ob Papa recht hat?
Er könnte Luka etwas
Schöneres schenken als
den alten Apfel.
Dann wird er ja sehen,
ob Nettsein wirklich ansteckt.

Leon fällt etwas ein.
Leise flüstert er Papa seine
Idee ins Ohr.

Der Besuch

Luka wohnt in einem Hochhaus
hinter dem Sportplatz.
Leon braucht lange, bis er
Lukas Nachnamen neben den
Klingelknöpfen entdeckt.
Es sind so viele!

Leon klingelt.
Der Türsummer brummt.
Leon stapft nach oben.
Ihm ist schaurig zumute.
Gleich wird er Luka
gegenüberstehen.
Was dann wohl passiert?

Endlich ist er oben.
Vor ihm steht Luka.
Luka, der behauptet, Mama
sei eine Grünzeugtussi.
Doch gemein sieht er gerade
nicht aus. Eher erschrocken.

„Wer ist das, Luka?" ruft eine
Stimme aus der Wohnung.
Luka zuckt.
„Der Postbote", lügt er.
Er hat Angst, denkt Leon.
„Hier. Für dich", sagt er schnell
und streckt Luka das Geschenk
entgegen.

„Was ist das?" fragt Luka.
Leon zuckt die Schultern
und sagt:
„Mach es auf."
Luka öffnet das Päckchen.
„Ein Playmo-Ritter, super!
Warum machst du das?"
„Ein Test", sagt Leon.
Er steckt die Hände in die
Taschen und wippt mit
den Füßen.

„Danke", sagt Luka.
„Aber das kann ich nicht
   annehmen. Mama will keine
   Geschenke von fremden
   Leuten", erklärt er.
„Ich kann es ja morgen mit zur
   Schule bringen", sagt Leon.

„Wir könnten auch bei dir zu Hause spielen. Ich meine, nur, wenn du ...", stottert Luka. „Prima", antwortet Leon und dreht sich zur Treppe. „Dann bis morgen."

„Ja, bis morgen. Und Entschuldigung", ruft Luka ihm hinterher.

„Wegen du weißt schon."

„Schon gut", antwortet Leon.

Auf einmal fühlt er sich ganz leicht.

Hühnerfederleicht.

Als ob die Wut schrümpfelt.

Nettsein steckt an!

Als Mama mit Hanna nach
Hause kommt, sitzen Leon und
Papa auf dem Fußboden.
Sie spielen mit Lukas Ritter.

„Hast du dem Jungen schon
wieder ein Spielzeug gekauft?",
fragt Mama.
„Der gehört Luka", sagt Leon
und grinst.
„Wir bewahren ihn nur auf."

Mama zieht Hanna
Hausschuhe an.
„Das ist aber sehr nett von euch."
„Wir sind schon ziemlich nett, ja",
sagt Papa und kichert.

„Allerdings", lacht Leon.
„Pass lieber auf, das ist nämlich
ansteckend."
Sie prusten beide los.

Bei einer Portion Rührei
erzählen sie Mama die ganze
Geschichte.

Leon zählt auf, wer sich heute
alles gefreut hat:
Luka, Papa und Gott.
In Leons Bauch kribbelt es.
Und ich, denkt er. Ich auch.
Nur die Wut, die hat sich
nicht gefreut.
Die ist einfach weggeschrumpft.